7
Lk 3022.

PREMIÈRE
COMMUNION
DE
QUARANTE SOLDATS
DE LA LÉGION DE L'HÉRAULT,
A GRENOBLE,

Le jour de l'Octave de la Fête-Dieu, 15 juin 1817.

> Croyez-moi, Messieurs, la Religion rassure l'ame, bien loin de l'amollir : on craint bien moins la mort quand on est tranquille sur les suites.
>
> MASSILLON, *bénédiction des drapeaux du régiment de Catinat.*

A GRENOBLE,
DE L'IMPRIMERIE DE C.-P. BARATIER, GRAND'RUE.

1817.

PREMIÈRE COMMUNION

DE

QUARANTE SOLDATS

DE LA LÉGION DE L'HÉRAULT.

Depuis l'heureux retour du Roi dans ses États, on a souvent béni la Providence de l'édifiant spectacle donné par un très-grand nombre de soldats français dans différentes garnisons, soit pendant le cours des missions, soit dans le temps pascal.

On lira sans doute encore avec intérêt les détails d'une cérémonie religieuse qui a jeté un grand éclat dans cette ville, et qui a rempli d'une joie bien vive les vrais amis de la Religion et du Roi.

Vers la fin du mois de mars dernier, plusieurs soldats, faisant aujourd'hui partie de la légion de l'Hérault, et qui s'étaient couverts de gloire pendant les cent jours par leur dévouement à la cause sacrée du Roi, en marchant sous les drapeaux de S. A. R. Mons.gr le duc d'Angoulême, s'étaient adressés à M. Dhiere, directeur et professeur de théologie au Séminaire de Grenoble, pour se faire instruire dans la Religion. Ils n'avaient pas encore fait leur première Communion, tant l'instruction chrétienne avait été négligée dans les temps malheureux qui viennent de s'écouler ! Ils furent accueillis avec les témoignages du plus tendre intérêt, de l'amitié la plus franche et du zèle le plus pur. Mais bientôt le nombre augmenta, et le peu d'instruction de ceux qui venaient ainsi successivement ne permettant pas de retarder les premiers, il devint nécessaire de former une seconde division d'enseignement.

M. Sirié, l'un des vicaires de N.-D., s'en chargea avec l'empressement le plus charitable. C'était un spectacle bien nouveau de voir, pendant trois ou quatre jours de la semaine, des militaires aller au Séminaire ou à la Cure, s'instruire des premières vérités de la Religion, pour apprendre à mieux remplir leurs devoirs. Le respect humain était surmonté, l'enseignement faisait des progrès, les preuves sur lesquelles sont appuyés les dogmes de notre sainte Religion étaient mises à la portée des soldats; ils en saisissaient l'ensemble; ils comprenaient aisément que la plus belle et la plus sainte morale ne peut avoir d'autre fondement ni d'autre appui que la croyance des grandes vérités proposées par l'Eglise.

La méthode d'enseignement était en même temps historique, dogmatique et morale ; c'était à peu près le plan qui a été si heureusement développé par l'abbé Fleury. L'explication du Symbole, de l'Oraison dominicale et des autres prières, du Décalogue et des Sacremens, faisait tout le fond des instructions. L'enseignement, secondé par la bonne volonté, franchit bientôt tous les obstacles que le défaut d'exercice et de réflexion pouvait faire naître. Une ardeur toujours croissante ne laissait plus rien à désirer du côté de l'instruction qui était aussi solide qu'éclairée.

Quelques jours avant la première Communion, M. Dhiere faisait la récapitulation générale des explications précédentes. Quand il en fut au 4.ᵉ Commandement de Dieu : « Je ne vous ai point encore » parlé, dit-il, de la fidélité que vous devez au » Roi, j'aurais cru faire injure à la légion de l'Hé- » rault; » et il passa outre. Ils comprirent ce langage en soldats pleins d'honneur et entièrement dévoués à leur Roi.

Une autre fois, M. le Directeur les excitant à la persévérance dans la pratique des devoirs religieux : « Mes amis, leur dit-il, j'espère que ce ne sera pas pour » quinze jours, pour trois semaines : ce sera pour » toujours. » Aussitôt un grenadier se lève précipitamment : *Monsieur, vous verrez si les grenadiers seront fermes.*

Le temps des épreuves étant passé, le jour de la première Communion fut fixé au 15 juin, octave de la Fête-Dieu.

On n'avait pas de preuves certaines du Baptême de quelques-uns de ces jeunes militaires. Sept d'entre eux furent baptisés sous condition, le vendredi 13, à la chapelle Saint-Hugues, dépendante de la Cathédrale, par M. de Lagrée, curé de Notre-Dame. M. le marquis de Maubec, Chevalier de St.-Louis, Maréchal-des-camps et armées du Roi, fut le parrain des nouveaux baptisés. Les cérémonies imposantes et les exhortations touchantes que l'Eglise a réunies dans l'administration du premier sacrement, firent une impression profonde sur les nouveaux catéchumènes et sur les nombreux assistans.

Enfin, le jour si désiré arriva; tous ces braves soldats, en grand uniforme, se rendirent au Séminaire vers six heures du matin; la joie et la satisfaction qu'ils éprouvaient étaient inexprimables. Ils déposèrent leurs sabres chez M. le Directeur, qu'ils regardent avec raison comme leur père. Il se rendit avec eux à Notre-Dame, où des bancs leur étaient préparés dans le chœur. Les stalles étaient occupés par M. de Plinsselve, lieutenant-colonel de l'Hérault, commandant en l'absence de M. de Montcalm, et par un très-grand nombre d'officiers de la Légion, dont la présence ajoutait à la beauté de la cérémonie. L'affluence des fidèles était considérable; ils remplissaient la nef et les tribunes.

M. l'abbé Bouchard, vicaire-général, célébra, au Grand-autel, une Messe qui servit de préparation. A sept heures, le Saint-Sacrement fut exposé; on chanta le *Veni, Creator*, qui convenait si bien à cette auguste solennité. Mgr l'Evêque de Grenoble s'était proposé de dire la Messe de la Communion et de conférer, après Vêpres, le sacrement de Confirmation à ces intrépides soldats de Jésus-Christ; mais malheureusement il était malade depuis huit jours. M. le curé de Notre-Dame commença donc la Messe, et, après l'Evangile, M. Bouchard monta en chaire.

Il prit pour texte ces paroles de saint Paul : *Regi seculorum immortali, invisibili, soli Deo, honor et gloria.*

A l'exemple de l'Apôtre des Nations, qui rapportait tout à la gloire de Dieu : « Quel autre senti-
» ment, s'écria-t-il, éprouver nous-mêmes à la vue
» de l'étonnant, du magnifique spectacle qui frappe
» aujourd'hui nos regards! Depuis près de trente
» ans, le Dieu des armées n'était plus connu dans
» les nôtres..... Chefs et soldats semblaient per-
» vertis sans retour, lorsque, frappés comme Saul
» autrefois, ils reviennent tout-à-coup à leur Dieu

» et à leur Roi, relèvent l'étendard de la croix et
» des lis.

» A quel autre qu'à Dieu attribuer ce premier
» changement ? à quel autre en rendre l'honneur
» et la gloire ? *Soli Deo, honor et gloria.*

» Mais qui nous eût dit que ce n'était que le pré-
» lude de nouveaux prodiges ? Qui nous eût dit
» que toutes nos braves Légions viendraient à
» l'envi courber leurs drapeaux dans nos Temples
» et implorer les bénédictions du ciel ; qu'elles as-
» sisteraient à nos sacrifices ; qu'elles célébreraient
» nos solennités et nos fêtes ? Qui nous eût dit sur-
» tout que nous verrions nous-mêmes *cette troupe*
» *choisie* ressembler à nos enfans ; brûler comme eux
» de se nourrir, pour la première fois, du corps et
» du sang de Jésus-Christ ? Au Roi des Rois, à sa
» main invisible, à Dieu seul en est la gloire : *Soli*
» *Deo, honor et gloria.* »

Se proposant ensuite de ranimer l'amour et la foi de ses auditeurs, il prouva d'abord la présence réelle de Jésus-Christ dans l'Eucharistie par les circonstances qui précédèrent, accompagnèrent et suivirent l'institution de cet auguste sacrement. Il invoqua le temoignage constant de la tradition ; cita le beau passage de saint Justin sur les assemblées des premiers Chrétiens, et termina cette partie en disant : « Oui, il n'y a qu'un Dieu qui ait pu
» imaginer de se donner en nourriture ; il n'y a

» que sa tendresse qui ait pu lui en suggérer l'ad-
» mirable moyen; jamais ce moyen et cette pensée
» ne fussent venus à l'esprit des hommes : le mys-
» tère ici ajoute à ma foi, et le sacrement à mon
» amour. »

Là, passant à l'amour de Jésus-Christ même dans l'institution de la divine Eucharistie, il commenta ces paroles si touchantes : *Desiderio desideravi hoc pascha manducare vobiscum antequàm patiar*; il insista sur le temps et la circonstance où ce divin Sauveur les adressa à ses Apôtres.

« En vous voyant, ô mes amis, dans cette en-
» ceinte sacrée (poursuivit l'orateur), il me semble
» entendre ce bon Maître vous adresser ces mêmes
» paroles, vous témoigner la même affection et le
» même désir.

» Ne l'entendez-vous pas, vous-mêmes, qui vous
» crie du fond de son tabernacle : Il y a long-temps
» que je vous cherchais; je vous ai choisis, distin-
» gués comme mes Apôtres; je brûlais d'impatience
» de vous appeler comme eux et de vous faire asseoir
» à ma table. *Desiderio desideravi.*

» Enfans du Dieu des armées, vous êtes aussi les
» miens; vous êtes mes bien-aimés; je vous chéris
» d'autant plus qu'on vous a égarés davantage, qu'on
» vous a tenus plus loin de moi. J'ai voulu vous en
» rapprocher et vous prouver toute ma tendresse.
» *Desiderio desideravi.*

» Ce sont des soldats qui m'ont insulté, outragé,
» couronné d'épines ; c'est un soldat qui, de sa
» lance, a ouvert mon corps et percé mon cœur.....
» Que d'outrages depuis, que de blessures nou-
» velles ! Venez les fermer et les guérir ; donnez-
» vous à moi, comme je vais me donner à vous :
» voilà le plus ardent de mes désirs. *Desiderio de-*
» *sideravi hoc pascha manducare vobiscum*......
» Tout est prêt, vous dit-il, la table est dressée ;
» une nourriture exquise et vraiment divine vous
» attend, venez-vous-en rassasier : *Venite ad nup-*
» *tias*. Venez, vous crie de son côté, l'Epouse des
» cantiques, l'Eglise, cette mère si tendre ; venez
» et mangez, ô mes amis ! *Comedite, amici !* Bu-
» vez, enivrez-vous de voluptés et de délices ! *Bibite*
» *et inebriamini, carissimi*. Ce sont vos propres
» noces : Jésus lui-même, un Dieu va devenir
» l'époux de vos ames. Accourez, ajoute un Pro-
» phète ; prenez et mangez : *properate, emite,*
» *comedite*. Vous n'avez besoin ni d'or ni d'argent ;
» il ne vous faut qu'une ame et des désirs. L'amour
» ne s'achète que par l'amour : et pourriez-vous en
» manquer ? n'en retrouvez-vous pas vous-mêmes,
» braves soldats, qui savez si bien aimer votre Roi ?
» ne voulez-vous pas aussi nourrir et sauver vos
» ames ? n'enviez-vous pas le bonheur de vos jeunes
» compagnons ? J'ai la confiance que vous le parta-
» gerez bientôt. Le règne du délire, de l'erreur et

» du mensonge est passé. Nous reviendrons tous
» à Jésus-Christ et à sa foi, à ses sacremens et à
» son Eglise ; nous lui rendrons tous amour pour
» amour. »

La Messe fut continuée dans le plus profond silence. Au *Pater*, M. Sirié lut à haute voix les actes avant la Communion. On touchait enfin au moment si précieux et si désiré ; à un signal convenu, les soldats se lèvent et s'avancent sur deux lignes, les grenadiers en tête, marchant à deux pieds de distance. En arrivant à l'Autel, ils se rangent quatre de front, et, après la sainte Communion, ils retournent à leurs places dans le même ordre. Leur profond recueillement, leur piété émurent tous les assistans ; des larmes coulèrent ; une foule de fidèles s'associèrent à cette belle fête en participant au banquet sacré : tous adressaient des vœux au Seigneur pour la prospérité de la Religion, pour le bonheur du Roi et de la France.

M. Sirié lut ensuite les actes après la Communion. A la fin de la Messe, M. Bouchard, du haut de la même chaire, fit entendre les accens du Prophète-Roi.

Cantate, exultate et psallite Domino. Après les avoir développés en forme d'actions de grâce, et inspiré aux nouveaux communians toute la reconnaissance dont il était pénétré lui-même : « Mes amis,
» continua-t-il, il ne nous reste plus qu'à vous sou-

» haiter la persévérance : eh ! que de motifs de
» l'espérer ! On n'est plus inconstant à votre âge;
» on ne change pas dans votre état, et vous n'avez
» plus à redouter pour vous ni le mauvais exemple,
» ni le respect humain. L'armée, comme toute la
» France, sent au contraire la nécessité de notre
» sainte Religion. Vos compagnons vous admirent ;
» vos chefs, oui vos dignes chefs vous applau-
» dissent ; le Roi et sa Famille vous offrent des mo-
» dèles au-dessus de tout éloge. Quel ange que la
» fille de Louis XVI ! Quelle satisfaction pour
» cette admirable Princesse et son auguste Epoux,
» lorsqu'ils sauront que la brave légion de l'Hérault
» n'est pas moins dévouée à son Dieu qu'à son
» Roi ; que toutes les autres partagent ces sentimens ;
» que nous n'avons qu'un cœur et qu'une ame pour
» l'Eglise, la France et les Bourbons ! »

On entonna de suite le *Domine, salvum fac Regem*, qui fut répété trois fois avec enthousiasme par tous les assistans. On chanta le *Tantum ergò*, *etc.* qui fut suivi de la bénédiction du Saint-Sacrement.

Les soldats défilèrent au milieu de la foule attendrie des fidèles qui remplissaient l'église, et ils se rendirent au Séminaire, précédés par M. le Directeur.

Ils étaient attendus à la porte par le Supérieur de cette Maison, qui les reçut avec le plus tendre intérêt, et les conduisit au réfectoire. Le dîner fut immédiatement servi par MM. le Supérieur et Directeur. Quelques jeunes Prêtres nouvellement ordonnés s'empressèrent aussi de partager l'honneur d'exercer cet acte d'hospitalité envers des militaires qui venaient de remplir un des plus augustes devoirs de la Religion catholique. A la fin du repas, ils portèrent la santé du Roi, de Madame, duchesse d'Angoulême, de Monsieur, de M.gr le duc d'Angoulême et de toute la Famille royale, celle du Souverain Pontife Pie VII, de M.gr l'Evêque de Grenoble, qui faisait les frais de cette fête de famille, image parfaite des agapes des premiers Chrétiens.

Si ces détails parviennent jusqu'au Père commun des fidèles, il apprendra peut-être avec un plaisir mêlé de surprise, que, dans la première ville de France où il fut captif, des soldats français, dans une réunion chrétienne au Séminaire, ont manifesté les sentimens de leur cœur en lui souhaitant des jours longs et heureux.

Vers onze heures et demie, M. le Directeur célébra pour eux seuls une Messe d'actions de grâce, à laquelle ils assistèrent dans le chœur de l'Eglise du Séminaire. Après l'Evangile, il leur expliqua les avantages de l'association au Sacré Cœur, à laquelle ils avaient été aggrégés le vendredi précédent. C'est ce qui lui inspira ce mouvement aussi beau que vrai sur les motifs sublimes qui sont si propres à soutenir le courage du soldat : « Que la » Religion, MM., vous rend respectables à nos » yeux ! C'est donc vous qui vous dévouez pour la » tranquillité de tous au dedans et au dehors. Qu'ils » me paraissent semblables aux martyrs, qu'ils seront » élevés dans le ciel ceux qui sont toujours ainsi » disposés à sacrifier leur vie pour remplir leur de- » voir envers le Roi et la patrie dans les vues de la » Religion. » Après leur avoir aussi parlé de la confrérie du Scapulaire à laquelle ils devaient être associés dans la soirée, il termina par cette éloquente comparaison : « Les étendards qui marchent à la » tête des Légions sont le signe du ralliement et » de la fidélité ; on sacrifierait mille fois sa vie pour » les défendre : ainsi la livrée du Scapulaire sera » le signe de votre dévouement à Marie ; vous mar- » cherez toujours sous ses étendards. »

Jusqu'à l'heure de Vêpres, ces militaires restèrent au Séminaire, et ils passèrent la récréation avec les élèves. Des soldats chrétiens, un jour de première communion, pouvaient très-bien s'entretenir avec des séminaristes.

Quand les cloches annoncèrent l'office du soir, les soldats, accompagnés de M. le Directeur du Sé- minaire, se rendirent à Notre-Dame, où ils occu- pèrent leurs places du matin : c'étaient le même re- cueillement et la même piété. Après le *Salve, Regina*, M. Bouchard prononça un troisième discours.

Ayant choisi ce passage du grand Apôtre : *Induite vos armaturam Dei, ut possitis stare adversùs insidias diaboli.* « Braves soldats, leur dit-il,
» quel langage plus analogue à la circonstance! A
» quels autres mieux qu'à vous, parler de cuirasse,
» de bouclier, de casque, de ceinture et d'épée?
» Les Ephésiens, simples fidèles, nouvellement con-
» vertis, durent avoir besoin qu'on leur expliquât
» tous ces termes; mais ils vous sont naturels et
» familiers; vous en sentez toute la force; vous
» comprenez, à l'énoncé seul, qu'il s'agit ici d'une
» armure spirituelle, et que cette armure n'est pas
» moins nécessaire à un chrétien, que la vôtre à un
» guerrier. Pourquoi? Pour vous défendre contre
» les Principautés et les Princes du monde, contre
» les ténèbres du siècle, contre les esprits de malice
» répandus dans l'air (ce sont les propres termes de
» l'Apôtre); pour résister en un mot au jour mau-
» vais, et rester parfaits en tout : *ut possitis resis-*
» *tere in die malo et in omnibus perfecti stare.* »
Et après une peinture vive et rapide des dangers
que nous avons encore à craindre, et de ce qu'il ap-
pelle le mauvais jour : « Prenez-donc, poursuivit-
» il, les armes que nous allons vous donner : *Acci-*
» *pite armaturam Dei.* Ayez d'abord la vérité pour
» ceinture, et la justice pour cuirasse, afin de re-
» pousser toute espèce d'iniquité et de mensonge....
» Soyez ensuite toujours avec votre chaussure, et

» toujours prêts à marcher dans la voie de l'Evan-
» gile, la seule qui conduise à la véritable paix.....
» Prenez surtout le bouclier de la foi pour étein-
» dre les traits enflammés du malin esprit, du liber-
» tin et de l'impie..... Prenez et le casque du salut,
» et le glaive spirituel, qui est la parole de Dieu : .....
» avec ces armes, vous triompherez infaillible-
» ment de tous vos adversaires ; vous triompherez
» du monde et de l'enfer. Venez donc vous en re-
» vêtir et les ceindre ; car nous avons aussi nos
» arsenaux et nos dépôts : ce sont les dépôts de notre
» foi, les fonts sacrés du Baptême. » (Là vint
l'explication des vœux et des obligations qu'ils imposent.) « Si vous y joignez, continua l'orateur,
» les dangers qui vous sont personnels, ceux qui
» tiennent à votre état, l'espèce de licence qu'il en-
» traîne, les passions qu'il favorise, de combien de
» secours, de combien de force et de courage n'avez-
» vous pas besoin ?

» Mais rassurez-vous, mes frères ; prenez con-
» fiance dans le Seigneur et dans sa vertu toute
» puissante : *De cætero, fratres, confortamini in Do-*
» *mino et in potentia virtutis ejus.* Ce Dieu ne per-
» mettra pas que vous soyez tentés au-dessus de
» vos forces. Eh ! que ne peuvent des hommes tels
» que vous, sous une armure divine ! Si des femmes,
» si des enfans restent fidèles à leurs vœux, ne sau-
» rez-vous pas garder les vôtres ? Est-il cause plus

» belle et plus digne de vous ? En promettant d'être
» fidèles à Dieu, vous le serez nécessairement à votre
» Roi ; en remplissant vos devoirs de chrétien,
» vous remplirez ceux de votre état : vous ajouterez
» à l'honneur et à la gloire du soldat français......
» Qui oubliera jamais les Vendéens et leurs chefs
» magnanimes ? Qui oubliera les braves gens qui,
» dans nos jours de deuil, ont suivi leur Roi, ont
» marché sous les bannières de Madame et de son
» auguste Epoux ? Ils étaient religieux : Clovis,
» Charlemagne et nos plus grands Monarques
» l'ont été. Le siècle de Louis XIV, si grand en
» tout genre, fut le siècle de la Religion. C'est la
» Religion qui élève l'ame et l'ennoblit; c'est elle
» qui donne le vrai courage. C'est par la Religion
» que les Espagnols ont triomphé dernièrement de
» toute la puissance humaine; et les Macchabées,
» si célèbres dans l'histoire, n'ont dû leurs exploits
» qu'à leur attachement à leur Dieu.

» Allons donc, vous dirai-je avec le plus illustre
» d'entre eux, allons purifier les temples du Sei-
» gneur qui sont nos propres corps, et renouveler
» nos vœux : *ascendamus nunc mundare sancta et*
» *renovare.* Nos ennemis sont atterrés: *ecce contriti*
» *sunt inimici nostri.* Car, et nous aussi, nous sommes
» les soldats de Jésus-Christ; et nous aussi nous
» savons combattre sans armes ; nous savons souf-
» frir et mourir pour notre Dieu et pour notre Roi.

» Vos ennemis sont les nôtres, mais ils sont atter-
» rés, je le répète : *contriti sunt*. Et ce jour, en
» cimentant notre union, les anéantit à jamais.
» Allons donc au Temple où plusieurs d'entre vous
» viennent d'être régénérés par les eaux salutaires
» du Baptême; allons entourer ces fonts sacrés; et
» là, plus fermes que dans un camp, plus terribles
» qu'une armée rangée en bataille, jurer à Jésus-
» Christ une fidélité nouvelle...... Allons-y prendre
» pour devise celle de nos ancêtres, des anciens
» preux, des loyaux chevaliers et de tous les vrais
» chrétiens : *Dieu et le Roi.* »

Le discours terminé, les soldats, rangés sur deux lignes, chacun un cierge à la main, se rendirent aux fonts baptismaux dans la chapelle St.-Hugues, où les attendait, en chape, M. le Curé de Notre-Dame. Ils défilèrent seuls et accompagnés de M. le Directeur qui fermait la marche. Arrivés aux fonts baptismaux décorés pour la cérémonie, les soldats, la main droite sur l'Evangile, renouvelèrent, d'une voix ferme, les promesses de leur baptême : « Je
» renonce à Satan, à ses pompes et à ses œuvres;
» je m'attache à Jésus-Christ : c'est pour lui que je
» veux vivre et mourir. »

Les fidèles alors chantaient dans l'église de Notre-Dame, avec le Clergé, les litanies des Saints et les prières publiques ordonnées dans le Mandement de M.gr l'Evêque de Grenoble, depuis le 27 mai jusqu'au 15 du mois d'août, pour la conservation des fruits de la terre. Les soldats rentrèrent au chœur dans l'ordre accoutumé pour assister au salut et à la bénédiction du Saint Sacrement.

Une dernière cérémonie, l'association à la confrérie du Scapulaire, devait terminer cette sainte journée; la foule qui remplissait l'église voulut en être témoin. Du haut du Sanctuaire, M. le Curé de Notre-Dame leur dit : « Soldats, rien
» de plus édifiant pour ma paroisse, rien de plus
» consolant pour notre ministère que le spectacle
» édifiant que vous avez donné en ce jour;.... mais
» il ne suffit pas d'avoir bien commencé, il faut
» bien finir; il faut persévérer et prendre les moyens
» qu'on vous a indiqués : un des principaux, c'est
» la dévotion envers Marie, mère de Jésus-Christ,
» Dieu et homme tout ensemble. » Ici il développa les motifs qui établissent pour des chrétiens la confiance envers Marie. Passant ensuite à la dévotion du Scapulaire dont il expliqua en peu de mots l'origine, les progrès rapides, il cita parmi les marques singulières de protection accordées par la Mère de Dieu à ceux qui lui sont fidèles, ce qui arriva au dernier siége de Montpellier, à la vue de toute l'armée française, commandée par le roi Louis XIII en personne : « Un soldat reçoit un coup de mous-
» quet dans un assaut; la balle perce ses habits et

» s'amollit sur son Scapulaire sans lui faire la plus
» légère blessure. Le Roi, témoin de ce miracle,
» voulut donner une marque spéciale de sa dévo-
» tion envers Marie en se couvrant de cette armure
» miraculeuse, à l'exemple de Saint-Louis qui s'en
» était revêtu lors de l'établissement de cette so-
» ciété. »

Après avoir fait l'énumération des priviléges accordés à cette institution par les souverains Pontifes, il leur fit sentir la nécessité de vivre en soldats chrétiens s'ils voulaient y avoir part, et leur recommanda la vigilance, la prière et la fréquentation des sacremens.....

A la fin de la cérémonie, les soldats, accompagnés de M. Dhière, revinrent au Séminaire où ils furent reçus avec la même cordialité. Un souper leur avait été préparé ; tout s'y passa comme le matin. Quand ils se retirèrent, ils furent accompagnés par MM. le Supérieur et le Directeur, et les adieux furent de part et d'autre aussi sincères que touchans.

Quel étonnant contraste que cette fête si imposante et si sainte, célébrée dans cette ancienne basilique profanée autrefois, comme toutes les églises de France, et souillée par les fêtes impies du libertinage ou par le culte ridicule d'une déesse imaginaire !

Tous ceux qui s'intéressent au rétablissement de la Religion et des bonnes mœurs applaudiront aux beaux exemples donnés par les soldats français depuis le retour du Roi. Ils sont comme l'offrande des prémices de l'armée : puissions-nous la voir toute réunie sous la même houlette, comme elle l'est sous le même sceptre (1)! Entrerait-il dans les desseins impénétrables de la divine Providence de former, dans cette armée à qui nous devons le salut de la France, de nombreux modèles pour renouveler parmi nous l'esprit du christianisme, et nous faire sortir de l'indifférence religieuse qui mine sourdement le corps social? C'est ainsi que, dans une maladie grave, une crise salutaire peut arracher à la mort un malade qui n'est pas encore tout-à-fait désespéré.

Serait-ce donc un scandale, lorsqu'il y en a en effet de si déplorables, et de si nombreux, et de si publics, de voir des soldats faire dans leurs chambrées le signe de la croix, et adresser chaque jour quelques courtes prières au Dieu des armées?

Des voyageurs de toutes les Nations s'empressent de visiter à Paris ce superbe monument que rien n'égalera jamais dans l'univers, et qui fut élevé par Louis XIV à la gloire des armées françaises. Qui

---

(1) Voyez plus bas la lettre de M.gr le Grand-Aumônier à M.grs les Archevêques et Evêques de France.

de nous n'a pas été frappé et attendri du spectacle édifiant que donnent ces vieux guerriers, l'orgueil de la France, couverts d'honorables blessures, lorsque, prosternés dans le temple auguste élevé au milieu de leur retraite, ils lèvent vers le ciel des mains défaillantes, et adressent au Dieu des armées les vœux les plus ardens pour le Roi et pour la patrie.

Au reste, des soldats chrétiens, parce qu'ils connaissent mieux leurs devoirs, sauront aussi les mieux remplir; et, si le Roi leur demandait des preuves de leur fidélité, ils sauraient aussi, en le défendant, vaincre ou mourir comme Bayard.

A Grenoble, le 8 juillet 1817, anniversaire de la seconde rentrée du Roi dans ses états.

Domine, salvum fac Regem.

C. BOSSARD, *Supérieur du Séminaire de Grenoble.*

LETTRE
De M.gr le Grand-Aumônier

A M.grs les Archevêques et Évêques de France.

Monseigneur, les espérances que Sa Majesté avait conçues sur l'établissement des Aumôniers dans les corps de l'armée sont en partie réalisées. Les Ecclésiastiques nommés pour ces emplois ont été accueillis avec les égards et la confiance dus à leur caractère, et l'exercice de leur ministère a déjà obtenu les plus heureux résultats. Les rapports satisfaisans que je reçois chaque jour sont une preuve manifeste des bénédictions sensibles que la Providence daigne accorder à cette œuvre importante. Ces premiers succès me font désirer de pouvoir compléter cette salutaire institution, et d'en étendre le bienfait sur toute l'armée ; mais quelques recherches que j'aie faites jusqu'ici, je n'ai pu procurer des Aumôniers qu'à une portion des corps qui la composent ; et, en particulier, la Légion de...... n'en est pas pourvue. J'ose de nouveau, Monseigneur, vous demander le concours de votre influence, au moins pour les corps qui, composés de sujets de votre diocèse, semblent appartenir plus spécialement à votre sollicitude pastorale. Veuillez employer le langage de la persuasion et l'ascendant de votre autorité pour déterminer des Ecclésiastiques pieux et éclairés à se dévouer à un apostolat qui doit être singulièrement méritoire devant celui qui se fait appeler dans l'Écriture le Dieu des armées. Vous pourrez rassurer MM. les Ecclésiastiques qui éprouveraient l'attrait de cette vocation, sur les avantages temporels qui leur seront assignés, et détruire des préventions trop répandues. MM. les Aumôniers jouissent, dans la nouvelle organisation, d'un rang honorable ; ils sont environnés d'une juste considération, et leur traitement fixe n'est pas inférieur à 1,800 fr. dans les légions et les régimens de la ligne, et s'élève, dans la Garde royale, au-dessus de 2,700 fr. Il est regrettable, sans doute, d'enlever aux diocèses des sujets plus précieux que jamais ; mais les circonstances politiques où nous nous trouvons imposent la nécessité de ne rien négliger pour fortifier la fidélité de l'armée, et pour environner le Trône de défenseurs inébranlables. Le premier devoir de l'Episcopat, comme son vœu le plus cher, est de faire triompher par tous les moyens la cause de notre auguste dynastie, qui est en même temps celle du véritable honneur, de la félicité publique et de notre sainte Religion ; et le Roi, dans sa haute sagesse, n'estime pas qu'il y ait un moyen plus assuré et plus immédiat que de ramener, sous les drapeaux de ses légions, la foi de nos pères, qui en est depuis si long-temps bannie. Ayez la bonté, Monseigneur, de m'honorer d'une prompte réponse ; je l'attends pour terminer le travail dont m'a chargé Sa Majesté, et lui soumettre un rapport général sur la situation de l'armée, relativement au spirituel.

J'ai l'honneur d'être, etc.

www.ingramcontent.com/pod-product-compliance
Lightning Source LLC
Chambersburg PA
CBHW060606050426
42451CB00011B/2110